Schnittbilder

vom Außerhalb

AF190249

Bibliografische Information der Deutschen
Nationalbibliothek: Die Deutsche Nationalbibliothek
verzeichnet diese Publikation in der Deutschen
Nationalbibliografie; detaillierte bibliografische Daten
sind im Internet über dnb.dnb.de abrufbar.

Herstellung und Verlag:
BoD – Books on Demand, Norderstedt

ISBN 978-3-7460-3261-0

Christine Heine

Schnittbilder

vom Außerhalb

Poetengymnastik

Es fehlt die Form. Das Rot der großen Bücher
Wird manchmal schwarz und windet sich im Stroh.
Wir fragen nicht die buntgefleckten Tücher.
Die schwarzen Beeren sagen: Ist halt so.

In blauen Tälern schwimmen graue Wolken.
Die Weiden zappeln wieder mal im Wind.
Ich hab die Kuh heut früh noch nicht gemolken.
Pass auf, dass dir die Butter nicht gerinnt.

Was denkst du nur? Die Teller sind gegessen.
Die Milch ward sauer, weißt du es nicht mehr?
Du solltest doch die Zeichen nicht vergessen.
Die Becher sind seit tausend Jahren leer.

Träume

sind Schäume auf Bäumen
im Hirn.
In seinem Wald wachsen sie
auf den Ästen und Zweigen
seiner Zeit
(deiner Zeit).

Und sind Früchte von flüchtigen
Augenblicken
– von Augenblicken! –
einer Zeit
(deiner Zeit),
die vergeht.

Des Pudels Kern

Wie ein Atom
zeichnen Bewegungen eine Blume

Buslinien durchqueren
ein dunkles Zentrum im Durcheinander

viele Fäden haben geringe Dichte
aber große im Innersten eines Katzenspielzeugs

um diesen Kern bilden sie
kreuz und quer leichte zarte Blütenblätter

wie um den Nukleus eines Planeten
Aber Schlingen um eine Stadt

treffen und überqueren und überlagern sich
und gestalten die Umgebung durch Umlaufbahnen

welche ungestüm und verwirrt
über zahlreiche Wege aus den Vorstädten

im Wollknäuel des Zentrums zusammentreffen

Prozess

Innen treibt ein

Hefeteig aus Sand, Zement und Wasser.

Latente Spannung,

Blasen, noch nicht ausgetrocknet,

endgebacken. Rippen, unverschweißt, verschwitzt,

tragen nichts, bewehren nicht.

Oben scheint kein Fixstern

Neonlicht. Farb-, geruchlos,

zweifelzeitig, glimmen

einzeln nur

Ideen, keine Fertigteile, die verbindlich

tragen helfen könnten.

Abrechnung mit dem Sommer

Die Schafe mögen sich nicht niederlegen.
Im Regen stehn sie still, den Kopf gesenkt.
Der Sommer war hier heuer nicht gewesen,
Wasser, nicht Sonne, hat ihr Vlies getränkt.

Im Regen stehn sie still, den Kopf gesenkt,
wie oft hab ich das dieses Jahr gesehen.
Wasser, nicht Sonne, hat ihr Vlies getränkt,
das Jahr stand still wie sie. Nur Winde wehten.

Wie oft hab ich das dieses Jahr gesehen,
wo waren Farben, Buntes, grelles Licht?
Das Jahr stand still wie sie, nur Winde wehten
im Grau und Grau. Ein Sommer war das nicht.

Wo waren Farben, Buntes, grelles Licht?
Die Schafe wurden heller nach der Schur
im Grau und Grau. Ein Sommer war das nicht.
Tomaten blieben grün, Rosen verfaulten nur.

Die Schafe wurden heller nach der Schur,
die Haut unter dem kurzen Teppich nasser.
Tomaten blieben grün, Rosen verfaulten nur.
Zucchiniblüten füllten sich mit Wasser.

Die Haut unter dem kurzen Teppich nasser.
Hast je ein frisch geschornes Schaf gefühlt?
Zucchiniblüten füllten sich mit Wasser,
des Frühlings Euphorie längst abgekühlt.

Hast je ein frisch geschornes Schaf gefühlt?
Ich ließ sie stehn im Regen ein paar Tage,
des Frühlings Euphorie längst abgekühlt,
und glaub mir, was ich dir jetzt sage.

Ich ließ sie stehn im Regen ein paar Tage,
Ich suchte Farben, Buntes, Sonnenlicht.
Und glaub mir, was ich dir jetzt sage:
Woanders blickten sie mir ins Gesicht.

Ich suchte Farben, Buntes, Sonnenlicht,
des Sommers Blumen, Wärme, Trockenheit.
Woanders blickten sie mir ins Gesicht.
Er zeigte nicht einmal Verlegenheit.

Des Sommers Blumen, Wärme, Trockenheit
fand ich in altvertrauter Stadt und Feld.
Er zeigte nicht einmal Verlegenheit,
als ich ihn traf, auf frischer Tat gestellt.

Ich fand in altvertrauter Stadt und Feld
den alten Sommer, völlig ungerügt.
Als ich ihn traf, auf frischer Tat gestellt,
hat er sich dort wie einst bestens vergnügt.

Den alten Sommer, völlig ungerügt,
sah ich dort sitzen unter all den Leuten.
Er hat sich dort wie einst bestens vergnügt
und wollte seine Zeit hier nicht vergeuden.

Ich sah ihn sitzen unter all den Leuten,
die draußen unter freiem Himmel speisten.
Er wollte seine Zeit hier nicht vegeuden,
die graue grüne Insel nicht bereisen.

Die draußen unter freiem Himmel speisten
über den roten Dächern ihrer alten Stadt,
brauchten die grüne Insel nicht bereisen.
Das Fleisch war zart. Sie waren sommersatt.

Über den roten Dächern dieser alten Stadt –
rot eingewickelt, als das Dunkel kühl ward,
war das Fleisch zart, wir waren sommersatt –
hab ich dem Sommer ins Gesicht gestarrt.

Rot eingewickelt, als das Dunkel kühl ward,
die bunten Blumen standen stramm dort oben,
hab ich dem Sommer ins Gesicht gestarrt,
und fühlte mich ein weitres Mal betrogen.

Die bunten Blumen standen stramm dort oben,
Äcker verkündeten mit ihren Früchten Stolz.
Ich fühlte mich ein weitres Mal betrogen.
Als ich zurückkam, fand ich wieder morsches Holz.

Die Äcker zeigten dort mit ihren Früchten Stolz.
Hier war der Stolz von Flora längst gebrochen.
Als ich zurückkam, fand ich wieder morsches Holz.
Ich hatte Herbst vor meiner Reise schon gerochen.

Hier war der Stolz von Flora längst gebrochen.
Der Sommer war hier heuer nicht gewesen.
Ich hatte Herbst vor meiner Reise schon gerochen,
die Schafe mochten sich nicht niederlegen

Hat uns der Wind das Tanzen gelehrt?

In blauem Saale sah ich,
auf grünem Teppich liegend,
dem Ballett der Bäume zur
Musik des Windes zu, begleitet
von Gesang von Vögeln, an
der Decke Wolken und
ein zarter schmaler Mond.

Oktobermorgen

Der erste Blick nach draußen trifft

vom spitzwinkligen Dreieck

welches das gekippte Badezimmerfenster

bildet

eingerahmt

einen Buchfinken

der vor endlos grauem Himmel

auf einem kahlen Zweig

der Vogelweide sitzt

sich längst munter putzt

finkenflink umschaut

auf Futter wartet

schon wieder!

von ihm unbemerkt.

Da ist Freude.

Doch erscheint auch er

im fahlen Gegenlicht

dieses abermals grauen Morgens

monochrom.

Stillleben

Vorm Fenster – schwarz wie ein toter Monitor, den ein
defekter Computer nicht belebt – hängen Köpfe
an geknickten Hälsen; sind gefallen; ein paar nur
noch aufrecht in der bleichen, rosa Vase: traurig,
gelb, rostrot. Gekleidet in Lappen und Fetzen – einst
schmucke, gestärkte Tracht – sterben sie jetzt prachtlos in
faulem, schmutzigem, schleimigem, schmierigem Wasser
wie sich zersetzende Gespenster: Majorana,
Borago, Zinnia, Lathyrus, Calendula.
Zoom: Ringelblumen haben Samen angesetzt, die
sich kringeln wie jüngste Kaulquappen noch im Gallert,
vergangenen Zenit umzingeln, auch wenn zuletzt
im Gedicht alles zusammen auf dem Kompost liegt.

siehst du

wie lang die schatten sind

wie spät wie früh

die sonne es nur

über die bäume schafft

in kleinem kleineren kreis

steht die alte kiefer

mit der krone über schuppig

aufgerissener borke weit

darüber warf sie nicht

lange her kurze schatten

wie das licht kurz ist

wie spät wie früh

die sonne nur lebewesen

zu den blumen lockt

in kleinem kleineren kreis

leuchtet die alte mauer

des schuppens mal-weiß

weit aufgerissene rosa blüten

hier waren knospen vor

kurzem in längerem licht

Wesentliches

Hampelmänner hampeln.
Pampelmusen pampeln.
Ananas sind naseweis,
Birnen brennen auf Geheiß,
Tomaten sind gesellig,
Heidelbeeren unterschwellig
auch, Bananen sind krumm,
Kartoffeln stumm.

Draufsicht

Kiefernnadeln, Fichtennadeln, andere Reste
von Vegetation: Halme, Stengel, Zapfen, Stöckchen,
Teile von Rinden, vetrocknete Blätter, Stückchen
von Moos, Samen, die ich nicht sehen kann. Erde, Staub,
Sand, Kieselsteinchen, Federn, Kuchenkrümel, Asche.
Katzenhaarbüschel, einander ausgerissen im
Kampf. Sie verrotten langsam auf dem Beton, in dem
fest eingebettet Steine Texturen bewirken,
die an schattigen Stellen noch feucht sind, unter Stuhl-
und Tischbeinen, unter meinen. Dort geht ohne Angst
wieder der Buchfink herum, sucht nach den süßen
Krümeln, die er gezielt, unfehlbar treffsicher, mit
seinem Stecknadelschnabel aufnimmt, sich einverleibt.

Winterabend

Ich mag die bunte Welt; die Nacht jedoch verdunkelt.

Was hilft es mir denn da, wenn manches Sternlein

funkelt?

Seh doch nur Grau und Schwarz; die Farben sind

verschwunden.

Die Lampe drinnen ist, in langen dunklen Stunden

der Winternächte nur ein elender Ersatz

für was ich sehen könnt: die Welt mit Schaf und Spatz,

wenn heute Sommer wär. Ich könnt nach draußen gehn,

noch stundenlang im Licht die Welt erleuchtet sehn.

Weihnachten

Als Kind hörte ich das 'h' nicht.
Irgendwann, als ich Lesen und Schreiben lernte,
erfuhr ich davon. Es verblüffte.
Wann schrieb ich Weihnachten zum ersten Mal?
Ahnte, dass es nichts mit Wein
oder Weinen zu tun hatte?
Grossvater weinte jedesmal,
wenn wir wieder wegfuhren.

Stand das 'h' darin für Heiligabend,
die Hirten auf dem Felde, den Heiland?
Die Geschichten von ihm in der Kirche
waren schön, und seltsam, wie manche Gedichte.
Pfarrer und Lieder sagten merkwürdige Worte,
die Rätsel aufgaben:
Es ist ein Ros entsprungen.
Das Tor macht weit.
Maria ist gebenedeit unter den Weibern.
Er ist das Lamm Gottes.
Der Herr ist dein Hirte.

Hier nun schlägt ein Pfarrer in der Zeitung*
vor, die Kirche solle das Wort Christmas
der kommerziellen Welt überlassen
und ein neues dafür finden.
Was ist die kommerzielle Welt,
hätte ich als Kind gerätselt.
Und vergisst, dass die Kirche Feste der
'Heiden' für sich umdeutete wie nun
der Kommerz die der Kirche.

So fürchtet Euch nicht,
Wenn das 'h' in Worten wie
Hellerwerden, Jahreswechsel,
Licht, Hoffnung, daheim,
Einkehr, Ehrfurcht, Herzen
vertrauter ist als das
in Handel und Weihe.

*NEW WORD FOR CHRISTMAS NEEDED TO RESCUE
MEANING FOR BELIEVERS. The commercial world has
captured Christmas and we have to accept the church has lost it.
By Desmond O'Donnell, Irish Times, 24/12/11

Ende März

(im Gras sitzend, an einen Zaunpfahl gelehnt)

Über mir, Wind,

wehst in Weiden.

Wiese,

in Wirklichkeit bist klein, von Bäumen,

Hecken, Steinmauer und Zaun eingefasst,

aber suggerierst den Augen Weite.

Weißdorn, du da in der Mitte vom Feld,

bist mit Flechten übersät.

Erst später im Jahr auch mit Blüten.

Mücke,

landest auf Blatt.

Über mir, Hummel,

findest erste Nahrung!

Kätzchen hoch oben, nicht die aus der Kindheit,

euch kann ich nicht schneiden,

will euch eh den Hummeln lassen.

Efeu,

trägst Kugeldolden von unreifen Beeren.

Ganz schwarz werden sie erst sein,

wenn der Weißdorn blüht,

in dem du wächst.

Blühst ja selbst immer so spät im Jahr.

Stechpalmenblätter,

ihr glänzt gefährlich und dunkelgrün.

Brombeeren,

altes Dornenrankengewirr,

aus dir sprießt jetzt faltiges frisches Grün.

Hast später auch schwarze Früchte.

Schafe,

ihr fresst ihre derben Blätter im Winter.

Und bald die jungen frischen,

auch die vom Weißdorn.

Vorsichtig die der Stechpalme.

Flink augen- und maulgewandt

die Herzblätter des Efeus,

als ob's euch angeboren wär.

Barockes Sonett

Barocke Löwenmäulchenblüten zieren
ein Fenster. Draußen tanzt die Blättermasse.
Das Glas der Scheiben ist noch ohne Schlieren.
Kein Satz in einer neuen Kaffeetasse.

In Fenstern, Blüten, Laub, Gefäß verlieren
sich Bilder schnell. Renn hinterher! Verpasse
es nicht, sie einzufangen, zu sortieren,
auf dass Erinn'rung sie in Worte fasse.

Barock verwelkt, wenn Blütenpracht vergeht.
Es folgen neue Bilder, bunt und scheckig,
die Herbstwind hurtig durcheinanderweht.

Viel Blütenstaub macht Fensterscheiben dreckig.
Kaffee wird kalt, wenn er zu lange steht.
Schnell sind Erinnerungen trüb und fleckig.

fäden

in stoffen sätzen
konversationen
zeichnungen texten
gedichten

tapisserien
auf lippen papier
webstuhl nadeln
leinwand bildschirm

texturen
verknüpft
in techniken
lang wie ein leben
übriggebliebene
stückchen

werden teil neuer fäden
und so weiter
gesponnen aus momenten
aufgelesen als locken
oder bündel von ganzen vliesen

manifestationen von zeit

auf den weiden

unserer lebensläufe

Fäden

Die Wahrscheinlichkeit von Knoten,
in gleich welcher Art von Faden,
wächst in Relation zu seiner
Länge, und mit der Beschränktheit
von dem Raum, den man ihm lässt.
Die Natur von langen Fäden
ist die Länge, darum neigen
sie auf kleinem Raum dazu, sich
zu verknoten. Wenn du also
beispielsweise, eine Socke
wieder auftrennst, und das Garn sich
neben dir auf einem Haufen
ansammelt, dann musst du ihm,
wenn du es wickeln willst zu einem
rechten Knäuel, erst einmal
Gelegenheit sich auszustrecken
geben. Immer locker lassen.
Gib ihm Raum, versuch, es darin
immer wieder auszubreiten.
Ziehst du einmal nur zu heftig,
läufst du die Gefahr, dass sich das
Garn verheddert und verknotet.

Hast du dann den Knäuel sauber
aufgewickelt, fragst du dich nicht
auch: Ist das jetzt noch ein Faden?

Ihr Ambiente

Ich kann nicht sein in dieser Landschaft, oder ist es
eine Stadt? Da ist kein Ort für mich. Mit meinen Augen
nur kann ich dort schweifen und verweilen. Nicht hocken
in berüschten Kelchen, Glocken, wie andere, die
sie anlocken. All die Besucher, angezogen
vom Marktplatz, inmitten seiner bunten Laternen,
Sonnenschirme, Bündel, Körbe, Stände und Buden,
nippen genüsslich an Säften, Delikatessen,
Lippen – die Auswahl ist gross. Sie schillern in Cafés,
Bistros, Tavernen, Rokokokirchen, auf Türmen,
Terrassen, wonnetrunken in Biergärten, flattern,
schwirren ausgelassen um Wahrzeichen der irren
gewachsenen Architektur ihres Ambiente.

Gegenwart

Live, you say, in the present,
Live only in the present.
But I don't want the present, I want reality.
　　　　Alberto Caeiro

Im Garten blühen die Bartnelken

mit dem altmodischen Duft ihrer Blüten.

Gebündelt sitzen sie auf standhaften Stengeln,

beständig leuchten sie im Halbschatten blut- und

weinrot, perlmuttrosa, unschuldig marmorweiß.

Wir werden keine Bartnelken machen können.

Auch wenn wir das Higgs-Boson entdeckt haben.

Was schreibe ich "wir". Ich habe damit nichts zu tun.

Genausowenig wie das Higgs-Boson mit den Bartnelken.

Ich habe nur mein kleines Leben,

mein Hirn ist mit den schwarzen Schlagzeilen

und dem täglichen Kleingedruckten überfordert.

Meine Sinne, mein Aktionsradius, mein Herz

reichen dafür nicht aus.

Ohne sinnliche Wahrnehmung oder Erinnerung

bleiben Bedeutungen Theorie und Fiktion.

Begegnung

Seine glänzende rot-goldene Haut soll nicht
in der Sonne austrocknen wie das Gras,
das du zu Reihen rechst, damit es Heu wird.
Gehst stetig und bedacht, Schritt für Schritt,
hinter ihm her. Lenkst ihn so
zum feuchten, kühlen Rand der Wiese, wo
er den Schatten findet, den er sucht.
Und denkst: Wie ein kleines Menschlein
sieht er aus, wenn er sich lang macht
bei seinen weiten Sprüngen –
und beim Schwimmen.

Mathematik der geteilten Erfahrung

An meiner Stelle

könntest du vierzehn Schafe zählen,

die um dich herumliegen, wo du sitzt,

und siebenundzwanzig Rinder,

die am Hang des gegenüberliegenden Drumlins ruhen.

Dahinter, und darüber,

auf den Bergkämmen auf der anderen Seite des Sees

neunundsechzig Windturbinen,

die stillstehen.

Würdest du dich aber hier hinsetzen wollen,

würden die Schafe aufstehen und wegrennen.

Darum könntest du nicht

an meiner Stelle

vierzehn Schafe zählen,

die um dich herumliegen, wo du sitzt,

aber siebenundzwanzig Rinder,

die am Hang des gegenüberliegenden Drumlins ruhen.

Dahinter, und darüber,

auf den Bergkämmen auf der anderen Seite des Sees

neunundsechzig Windturbinen,

die stillstehen.

Keine Wahl

Hätt ich nur hin und wieder mal die Wahl,
nähm ich die starken Farben, die das Licht
mit hellem, grellen Sonnenpinselstrahl
malt, wenn es warm und leuchtend zu mir spricht.

Wie heute dies impressionistische Gedicht,
das mich mit vollem Farbauftrag entzückt,
mit Rot, Orange, Gelb, Weiss, Blau, Schwarz besticht,
sommertagleicht in alle Augenwinkel rückt.

Ihn wähl ich nicht, der alles niederdrückt;
mit dauerndem, nicht angehaltnem Nass
selbst die am kräftigsten gemalten Blüten pflückt,
Seine Zeichnungen schmutzig, verwaschen, blass.
Er malt nichts anderes als graugrünen Verdruss
und pisst mit seinem Wasserdrang auf meinen
Kunstgenuss

Nachtschattenspiel

In einer Schüssel ruht das neue Korn des Tages,

Erinnerung und Worte greifen es noch nicht,

des Lichtes Schatten sind zurückgefallen

ins Meer der Nacht, das draußen lautlos rauscht.

Zusammen sind sie eine schwarze Masse,

die müde Augen nicht durchdringen wollen,

erst morgen früh werden sie wieder scheinen,

neugierig und gedankenvoll zusammen schaun

auf Orchideen, die am Wegrand lila blühen,

und Schwalben, die wie Mückenschwärme tanzen

vor grau gefärbter alter Wolkendecke,

unter der Elstern geschäftig in Dachrinnen wühlen,

auf die Regen wie flüssiges Viskosegarn fällt.

osterzeit-gedanken

die kleine zeit,

die große Zeit.

die kleine zeit ist im garten.

am himmel, im sonnenschein

und seinen schatten.

in blättern und blüten. im flattern

der schmetterlinge, im gackern

der hühner. in lieben, in leibern,

in leben. im schnellen flug

der schwalben, zu klein

für augenblicke.

die große Zeit? ja?

wo ist die? in hirnen,

in büchern? in geschichte,

in wissen? in gebäuden,

im internet, im müll? Mhm.

in den bergen, den steinen,

den bäumen, dem wasser?

in den samen, den früchten?

in der kleinen zeit?

Sehen

In der Iris der Blüten

ringelt sich mein Herz. Spiegelt sich

in den quergebalkten Augen

der Schafe. Dort lese ich ihres.

Sie erkennen meines in meinen.

Das Auge der Zeit sieht uns nicht.

Windgepeitscht

Geranienrot haben sich erste Gladiolenblüten
geöffnet. Von Zwiebeln wie Schwerter aus dem Boden
gestossen,
formieren sich diese Statisten in steifen Posen,
ausgestattet mit prächtigen Trichterhüten.
Dahinter Eschen, die wild rocken und wüten,
ihre Zweige aufgewühltes Gefieder tragend,
dem Wind begeistert, fast ekstatisch entgegen schlagend.
Wicken, die anzuklammern sich lange bemühten
an die Reihen von Schwertern, an die dankbaren,
lieblichen, zarten
Kosmeen, welche sich heftig zitternd verneigen,
und an Angelica, die beschirmend neben jenen steht,
gegen die der Wind überheblich und rücksichtslos weht.
Albern fast, als müsse er unbedingt zeigen,
dass er die Hauptrolle spielt, heut, hier im Garten.

Zorn im Wind

Sie war sprachlos,
und der Zorn schwoll,
als der Wind blies.

Als der Wind blies,
unterbrach er
ihre Ketten.

Ihre Ketten
aus Gedanken,
die in Stückchen
– und nun sinnlos –

sich zerteilten

und verteilten

auf die Astern,
auf dem Rasen,
den Tomaten,
um Gladiolen.

Doch die meisten
trug der Wind schnell
in die Ferne.

Ob mit diesen
auch der Zorn flog,
oder ob der
sich gelegt hat
unter Astern,
auf den Rasen,
die Tomaten,
um Gladiolen?

wunschbild

zeigerzeichen zeichnen

malen bunte muster

bilden wie paul klee:

zeigerzeichen fliegen

flüssig werden über-

all sich wild bewegen

mischen durcheinander

drehen und verhaken

lösen in bewegung

bleiben tanzen und ver-

dampfen lassen und nicht

messen analog

die zeit noch digital

Die Kunst der Hunde

Verloren strömen Farbenbäche wieder,
dahinter wachsen Hundekräuter leise.
Kaltwasser kleidet Eschengrüngefieder,
Verstand und Sinn geraten aus dem Gleise.

Nun hörst du grüne Wasserfarbenlieder.
Wie sinnlos, denken Eschen, diese Weise.
Der Hund bemalt das Kraut der Federn wieder.
Verlorener Verstand geht auf die Reise.

Denkst du. Und kalt verneinst du Farbenkraft,
des Wassers Melodie, die Kunst der Hunde.
Der Federn Wärme. Kleid, das schattenhaft

Verlust mit Sinn bedeckt in kalter Stunde,
so federleicht, so bunt; das Lind'rung schafft,
gelegt auf eine immergrüne Wunde.

Zwischen Schauern

Ein kräftiges Bein, das Knie gebeugt,
Fuß und Knöchel in der Hecke verborgen.
Der Eschenstamm war auf einem Umweg
zum Licht gelangt.
Auf seiner glatten, hellen Haut nun
ein Netzmuster aus alten Narben und
dunklen Spuren von Wasser,
das an ihm herunter rann wie Tränen,
oder wie Blut aus einer frischen Wunde.

Es tränt, es tropft, es träufelt, es trieft.
Es rinnt, es beugt sich. Aber Efeu
hält sich am Haus fest. An der Basis
zeichnen dünne Stämme und Ausläufer
ein Fischgrätenmuster.
Darüber verhüllen unzählige ledrige Herzen,
starke Herzen wie Pfeilspitzen,
das Skelett. Efeu trägt seine Herzen außen.

Frauenmäntel liegen ausgebreitet
an der Küste des senfgelben
schäumenden Meeres ist Flut.

Zweimal jährlich Gezeitenwechsel.

Wie Bojen markieren erste Blüten

der Japan-Anemonen und Montbretien

das Fahrwasser des Jahres.

Blumentopf

Was nur war in diesem bunten
Blumentopf einmal gewesen,
den sie hinter viel Gerümpel
wiederfand? Die Farbenkringel
frisch, gewagt fast. Fröhlich auch die
Blümchen oben an des Topfes
Rand. Sie wusste nicht, wie lange
er dort stand. Er wirkte wie ein
neu bemaltes Osterei. Sie
war sich sicher, dass sie ihn nicht
selber kaufte, aber wer nur
hatte ihn geschenkt? Und was war
drin? Verflixt, sie hatte keinen
blassen Schimmer mehr. Es blieb ihr
ein Mysterium. Sie brachte
ihn ans Küchenfenster, dort nun
steht darin Basilikum.

Graphity

Sommerhimmelblau,
wenig Wolkenweiß,
hohes Tannengrün,
Kiefernblütenrost,
Eschengrün, Hausgrau.

Kleines Buchfinkblau und -rot.
Jung gestreiftes Braun,
von ihm versteckt gefüttert
am Mauergrau hinter Grasgrün.

Viel mehr als forty shades of green,
bewegt im Windfarblos,
von Gelb bis fast zu Schwarz.
Gestreift vereint die beiden, eifrig,
im Akeleienviolett
auf steifem Stengelgrün.

Kiesgrau, verwittertes
Tischweiß, bemoostes
Aschenbecherblaukariert,
Stiftrot und −schwarz, Handbraun.

Liniertes Weiß, halb schattenblau
von Heckenblättergrün.

Dort schlängelt sich
Graphitgrau bis hierhin

Langsam beängstigend

Dies ist ein langsames Jahr.
Als sei es voll Angst.
Oder daran gehindert,
sich frei auszudrücken.
Schließlich bleibt es vielleicht
hinter sich zurück
und erreicht
gar nicht sein Ziel.

Beängstigend, nun
schon über ein Jahr
so zu denken.

Nie sagt die Sonne

wenn sie aufgeht: Guten Morgen,
auch niemals Worte wie Licht oder Tag,
Schatten, Mittagspause, Sorgen,
noch jemals, wenn sie untergeht:
Gut' Nacht.

Rubus fructicosus

Heuer sind die Hecken überall
prall gefüllt mit schwarzen Sammelfrüchten.
Auf den Erd- und Mauerwällen hängen
über Heidekraut und Heidelbeeren,
hinter Zäunen, zwischen Weiß- und Schlehen-
dornen, an den eignen stacheligen
Ranken ungezählte Kugelkugeln,
prall gefüllt mit dunkelviolettem Saft,
der meine Finger färbt. Vorsichtig
pflücken sie die Beeren, um nicht Blut
zu mischen in die Marmelade, in den
Kuchen, ins Dessert. Herbstlich färben
meine schwarzen Sammelfrüchte weiße
Wolle heiter fliederfarben – dabei spielt
ein bisschen Blut kaum eine Rolle.
Mit Alaun gebeizt wird sie im selben
Farbbad aber BROMBEER-blau.

Schutt abladen erwünscht

Die Amsel nimmt in ihren Schnabel
gleich eine ganze Ladung von Rosinen,
das frische Baumlaub glitzert vor
der nächsten grauen Wolkenbank.
Gleich werd ich wieder schutzlos vollgeschüttet
vom nächsten Guss der Wechselbäder,
da wünsch ich mir, ich hätte Federn
– oder ein dickes, fettes Fell –
und könnt mich schütteln wie ein Tier,
dass alles, was nicht nötig ist,
und unerfreulich, von mir flöge
und sich dabei der Schutt in frische Blätter,
in Blumen, Falter, Eichhörnchen verwandeln
würde, in Vögel, Frösche, Gras, Rosinen.

Ganz leise

Ganz leise erst

schütteln die Kiefern ihre Zweige

verwundert und fragend:

"Was soll denn erneut dieser Schnee?"

Der wird wieder zu Regen,

und entschlossener nun

sehe ich die Kiefern ihre Zweige

bewegen

und höre sie weise

sich gegenseitig zuwispern:

Genug Schnee und Regen

habe es jetzt gegeben.

Drei Morgen

I

Es schifft im halben Januar

wackelt das Bild, und rauscht.

Bald Zeit, um drinnen auszusäen,

purzeln Gedanken durcheinander,

draussen flitzen Vögel vorbei.

II

Die Weide ist ein Schwamm, der trieft,

ohne ausgedrückt zu werden.

Amsel geht auf einer Mauer

entsteht keine Zeichnung

irgendwo

zögert

was.

III

Waschmaschine läuft im Nebel

landen Tauben schwerfällig

im Augenwinkel,

drehen sich Gedanken mit der Trommel.

Warum ist es heut taboo, die
Wäsche draußen aufzuhängen
machte keinen Sinn im Nebel
hängt sie besser drin.

Wasche, wasche

Wasche, wasche, Waschmaschine!
Dreh die Trommel immer wieder!
Rund herum! Und schüttle Wäsche
zwischendurch dann auch gehörig
in dem aufgeschäumten Wasser,
dass sie dir den Schmutz abgebe,
den du scheinbar brauchst zum Leben,
und verdaust, nachdem ich dir dein
großes, rundes Maul gestopft hab.
Spül ruhig nach mit ein paar Klaren,
wenn das deinem Magen gut tut:
Treibst dich schließlich zur Ekstase!
Meine Güte, wie du das machst?
Ganz egal, Hauptsache ist doch,
dass du nicht die Wäsche auch frisst.

Zu einem Teller

Verzierung gibt's bei dir nur noch am Tellerrand,
die Mitte jahrelang zerkratzt und abgewetzt
von Gabeln, Messern, deren Spitzen, Schneiden dich
verschandelt haben: Keiner sieht mehr das Design,
das du getragen hast, damals in Soufflenheim,
als du noch frisch gebacken warst, so wie ein Fisch.
Ein solcher wurde nicht arg oft auf dir serviert,
auch nicht Kartoffeln, denn sie schmecken ganz und gar
nicht gut der Köchin, die, wie du, von Anfang an,
wie alle, alles, nicht perfekt war: Fleischgericht
und Käsespätzle sind dir mehr vertraut. Auch sie
hat sich im Lauf der langen Jahre abgewetzt,
doch, anders als bei dir, nur an dem äußern Rand.
Die Blume innendrin, die ist bei ihr noch da.

Zu einer Giesskanne

Drei Blüten an der Orchidee im Fenster – Kauf
bei Aldi, irgendwo in Dublin kultiviert –
sind jetzt volll aufgeblüht, und doch so fremd wie du
und ich hier. Wie du zu mir kamst einst, das weiß
der Himmel, denn du bist genau so eine wie
am Friedhof früher die: groß, grau und schwer.
Ganz anders als die Plastikkannen neben dir.
Metall, verzinkt, so wie der Ascheeimer. Voll
mit Wasser bist du noch einmal so schwer. Nicht weit
vom Brunnen bis zum Grab war's. Jetzt weit entfernt,
so wie die Orchidee von ihrem Ursprungsort.
Du stehst nur draußen hier, und zeigst doch wenig Rost,
nur einmal hat ein böser winterlicher Frost
in dich ein Loch gesprengt, das wurde repariert.
Noch immer sprengst du lebensspendend Wasser breit
und wirst dabei schnell wieder halb so schwer.

Zum Fisch

Fisch, Fisch, grüner Fisch,
begleitest mich schon lange.
Hast erneut den Ort gewechselt.
Liegst nun still auf dieser Mauer,
gewaschen und geschrubbt.
Neigst eh nicht wie die anderen dazu,
Moos anzusetzen.
Es wuchert über dich hinweg.

So war's, als du
die Wasserpflanzenwanne zieren solltest,
und dann vergessen wurdest.
So war's als du mit andern Funden
über Jahre auf der Mauer gegenüber lagst,
nur ein, zwei Mal erinnert und bewegt.

Davor – das ist schon lange her –
lagst du beständig sichtbar
im Trockenen,
in einem Schrank in einem andern Land
als Mitbringsel aus diesem hier.

Ich weiß nicht mehr, von welchem Strand
du mitgenommen wurdest,
weil du mir in die Augen fielst.

Fast hast du dich mit mir im Kreis bewegt.
Wo du davor warst, weiß ich nicht,
bist ja steinalt.

Das Huhn und das Schwein

Und es starb
an dem Tag,
als das Schwein
sich verlief,
so ein Huhn,
wie ihr wisst.
Es war plump,
und auch krank
nach dem Trank.
den es nahm
in der Bar
aus dem Glas
mit dem Bier.
Der Chauffeur
tat's ihm gleich,
nur das Schwein
lief verirrt
immer noch
durch die Nacht.
Und dann ging
der Chauffeur,

und das Huhn

hinterher,

und es fuhr

der Chauffeur

einfach los,

gar so flink.

Und da lag

unser Huhn

unterm Rad,

nicht mehr plump,

sondern platt,

nicht mehr krank,

sondern tot.

Und das Schwein

hat all das

observiert

von dem Wald

seinem Rand,

und es kam

zu dem Schluss:

Lieber bin

ich verwirrt,

und verlor'n

in der Nacht

in dem Wald,

als dass mir

das passiert.

Und ganz schnell

hat das Schwein

sich erneut

in der Nacht

in dem Wald

verirrt.

voll mond

es ist voll mond
des jahres zeit
die wochen lang

und eier schal
ein stuhl lehnt
wolken los

um sätze
sitzen kissen
bilder rahmen

gar gekochtes
ein topf richtet
sich auf

gegessen und geteilt
mit katzen
zungen brechen

was auf
ihnen liegt

Geschoren

Blut, Blutergüsse, dicke Schwellung, Schock!
Man trägt seit langem einmal wieder Rock.
So alt ist er wie Rahmen und geteilte Tür
welche die Schafe aus den Angeln hoben,
aber nicht morsch, war er ja nicht andauernd
dem Wetter ausgesetzt. Das Shed ist gut
zum Schafe fangen. Denn davor sind sie auf der Hut.
Man braucht halt eine Tür dafür.

So stellt man wenigstens das halbe Teil von oben
am Eingang hin und hält es da, während im Inneren
ein Schaf gefangen wird. Doch währenddessen suchen
– und finden – zwei andre vehement den Weg heraus
und schrammen einem mit der halben Tür die Beine auf.
Man könnte sie manchmal verfluchen.

Dafür sehn sie nun alle nackig aus.

Luftikusse

Flechtenfetzen hetzen
Sturm und Regen
von den Steinen, Zweigen,
gummiartig und elastisch
erst hast du sie in der Hand,
vielfältiger
als eine Hühnerhaut,
Schnell getrocknet
knusprig, kross wie diese,
wenn gebraten. Mischlinge,
symbiotisches Geflecht,
nehmen sie von niemand nichts,
decken bloß die nackten
Zweige, Steine zu,
liegen, hängen in der Luft,
schöpfen sie und werden
langsam, langsam alt,
wenn, wie aus der Luft gegriffen,
Schadstoffe sie nicht vernichten.

Renoviert

Dies Kirchenschiff, gesäumt von Kiefernsäulen,
Eschenbäumen, ließ ich lange unbesucht.
Ein Trübsinn wohnte in dem zugigen Gerüst,
in dessen Dunkel sich nur Feuchtigkeit und Moos
verkrochen hatten. Es wurden keine Messen darin
zelebriert, im Paradies bloß karge Speisen
ausgegeben an Bedürftige. Das wird
auch jetzt noch praktiziert, doch ist im Hauptschiff nun
ein grüner Teppich ausgelegt, dezent verziert.
Hingegen schmücken Blatt- und Blütenornamente
üppig Wände. Dazu gesellen sich die Farben
von Gemälden, Blumen, Inventar, Skulpturen
in den Gängen, auf Altaren und im Seitenschiff.
Am offenen Gewölbehimmel wechseln ständig
Formen und Motive. Und stetig wuchs während
der Restauration die Anzahl der Besucher.
Längst singen die Bedürftigen im Chor.
Ich halte mich jetzt dort oft lange auf,
als Pfleger, Publikum, Besucher, Kirchenmaus.

Sonnenbad

Erst badete das rote Kehlchen Sonne.

Das sieht bei Vögeln so erschreckend aus

(vor allem, wenn es schwarze Amseln sind).

Sie lassen ihre Flügel ausgebreitet hängen,

den Kopf halten sie eigenartig schief

nach oben, seitwärts, den Schnabel aufgesperrt,

als ringen sie um letzte Atemluft.

Facies hippocratica? Nein, nein.

Sie atmen vielleicht bloß die Sonne ein?

Die Brust soll schattenlos das Licht aufnehmen?

Es soll in alle Flügelfedern kriechen?

Was weiß ich schon? Als nächstes setzte sich

der Vogel, für ein paar Augenblicke,

mir gegenüber auf den Gartentisch.

Vogeltränke

Die Kleinen setzen sich manierlich auf den Rand,

tauchen ihre Schnäbel in das Wasser,

strecken danach Kopf und Hals nach oben,

lassen so das Nass wie Sportler in die Gurgeln laufen.

Große aber: Amseln, Tauben,

verbinden dort, so hab ich jetzt erkannt,

bei heißem Wetter gern ein Fußbad mit dem Saufen.

Waldesruh

Immer dann, wenn der Wald sich verschweigt, tut es not
reinzugehn, auf dem Pfad, der verläuft, wo das Feld
und der Wald sich ansehn. Lass das Feld hinter mir,
geh im Schatten voran, riech das Moos und das Laub
und verlasse den Weg. Lass den Blick einfach frei
in die Kronen und auch auf den Boden dort gehn,
nach seinem Gespür, seiner Lust, seiner Laune.

Horch ich dann, was der Wald mir flüstert und sagt,
und vergess nicht, dem Pilz zuzuhörn.
(Auch das Efeu hat viel zu erzählen.)
Und wenn ich den Zaunkönig nicht gleich versteh,
der sich emsig und freundlich um mich bewegt,
so als ob er sich freut, mich zu sehn, während ich
nicht recht weiss, was ich eigentlich tu in dem Wald,

dann genieß ich erst schweigend den Ort und sein Lied,
und spreche dann ein paar Worte zu ihm.

Entfernung

Räume, Orte

schwinden

aus den Augen

wie die Blätter

neulich erst

geputzter

fensterklarer

Blick hinaus

hier wo jetzt

wieder Jetzt

vergeht

Wir lassen nicht los

This is what love does to things: the Rialto Bridge,
The main gate that was bent by a heavy lorry,
Patrick Kavanagh

Wir lassen den Faden nicht los,

der sich windet, scheinbar

streckenweise verschwindet.

Stricken damit fest und locker

gezwirnt Erfahrung, Mützen,

Gedichte, Erinnerungen

zusammen. Er führt über Brücken:

Rialto, Vogelsang, Adenauer.

Dort drehen uns Wind und Schnee

die Schirme um, bevor er

mit uns in der S-Bahn

zum Weihnachtsmarkt fährt.

Ein andermal schwitzen wir mit ihm,

wo Gras und neue Fäden wachsen.

Der kleine Mann

Kommt ein kleiner Mann an.

Hat 'nen grossen Anzug an.

Steigt aus einem weißen Zug

mit 'nem schwarzen Bettbezug

über einer weichen Decke.

Legt sich in die harte Ecke

auf der Plattform, wo die Tauben

zwischen rauhen Menschentrauben

wandern. Er grüßt eine jede respektvoll,

bevor er sich zudeckt. Voll

wundersamer Gedanken.

Während jene sich weiter zanken,

schläft er dort ein, und schläft tief.

Der kleine Mann, den niemand rief.

Moment mal

"Werd ich zum Augenblicke sagen:
Verweile doch! du bist so schön!"

Entschuldigen Sie bitte.

Sie haben ihre Zeit verstreut.

Sehen Sie, überall liegen hier

Ihre Augenblicke herum.

Moment mal,

soll ich sie etwa einsammeln und einpacken?

Ein Etikett drauf kleben? Einen Preis?

Mit Stempel und Barcode

und mit Einschnitten zum Öffnen

bzw. Zerreißen versehen,

um sie unter meinem Markennamen

in ein Supermarktregal zu stellen?

Neben Salz, Reis, Mehl,

oder lieber Nudeln?

Oder besser zu den Müslipackungen,

Glühbirnen, Unterhosen im Dreierpack?

Damit Sie zu Hause meine Augenblicke

auf Ihr Ei, ihre Gurken, in Ihre Suppe

oder in Ihren Ausguss streuen können?

Oder kaufen Sie lieber online?

Moment mal,

Sie scheinen mich absichtlich misszuverstehen.

Es geht mir darum, dass Sie Ihrem Leben

einen Plot geben sollten. Prolog, Einleitung,

Abschnitte, Einschnitte, und,

ja, Schwellen sind ganz wichtig.

Der Leser muss Ihr Leben weiterlesen wollen.

Eine Entwicklung spüren.

Sie können nicht einfach Ihre Flügel entfalten,

wie es Ihnen beliebt, wie ein Schmetterling

von Blüte zu Blüte flattern,

sich im nächsten Moment

als Raupe in die Brennnesseln setzen,

oder sich in einem Kokon verkriechen,

Das geht gegen die ordnende Kraft der Zeit.

So werden Sie nicht alt.

Sterben wird Ihnen schwerfallen.

Sie werden irgendwo enden,

ohne auf das Ende
hingearbeitet zu haben.

Moment mal,

Sterben ist einfach
und dauert nur
einen Moment.
Man geht
Schlag auf Schlag,
wie Lichtschalter,
Sekundenzeiger sich
von Jetzt
auf Nachher
bewegen.

Ein letzter Atemzug,
ein letzter Augenblick.

Passen Sie auf, dass Sie keinen
von meinen zertreten,
solange Sie hier herumhängen.
Gehen Sie jetzt besser Ihres Weges

mit Ihrem Einkaufswagen.

Haben Sie gesehen:

Gerade gibt es Tomaten

im Sonderangebot.

Auf der Brücke

fließt das Wasser einerseits schwarz auf mich zu,

und ich höre, wie Felsblöcke Widerstand bieten.

Andererseits entfernt es sich glizernd,

bevor es hinter der Biegung verschwindet,

höre auch hier diesen Widerstand,

überlege, auf welcher Seite ich

lieber stehe

und schau.

Auseinandersetzung mit der Zeit

Jahrzehnte bei strahlender Sonne zum Trocknen ans Licht
gebracht,

ihnen dort Spinnweben, Staub und Schimmel abgefegt.

Zeit nach Motten durchsucht, auf Mauern ausgebreitet,

ihre Pläne, Ideen, Illusionen über Tore gehängt:

Wiedergefundenes Fertiges, Halbfertiges,

Übriggebliebenes.

Weggeworfen nur, was ihr nicht mehr gemäß schien.

Das meiste von ihr behielt ich: Aus Büchern, Geweben,
Fäden,

Stoffen, Fetzen, Papier, aus Entwürfen, Werkzeug,
Werken

kann noch was werden. Sie haben doch noch Potential!

"Denkst du?", fragte die Zeit, nachsichtig lächelnd.

 "Wann denn, du Schelm?

All diese Dinge bedeuten mir:

Das warst du einmal."

Ende Juni

Das Grün ist schwer geworden jetzt.
Nicht mehr erfrischend leicht und hell.
Massiv hängt es herunter.
Sein Ton ein tieferer, ein dunkler,
auf den verregneter Holunder
– gleich alten Weibern –
noch weisse Spitzendeckchen
wie Spinnennetze legt.

Ohne Titel

Äste und Zweige
am Boden,
Zeugen windiger
Moral

Hin- und hergerissen

Ich. Der junge Kater.
Der erste Aurorafalter
unter dessen
verspielten Samtpfoten.

Das Außerhalb

Mein Kõrper Vehikel,

Nutzfahrzeug,

mit ihm sich bewegen,

aus ihm raus zu sehen,

wahr zu nehmen, erfahren

die Welt,

darin zu denken, zu fühlen

mich selbst.

Mit Händen zu machen

genießen,

zu riechen, zu schmecken.

Seine Marke, egal.

Kein Make-up,

keine Verzierung,

nicht aufgemotzt, geschmiert.

Akzeptierte, vorausgesetze

Körpermechanik.

Innereien interessierten

nicht.

nur das Außerhalb.

Der Vogel, der Baum, das Licht.

Fragen

Was steht auf dem Blatt,

das draußen am Fenster hängt?

Dort haben Spinnen ein Netz geschrieben.

Was schreibt uns am Boden das Laub?

Getöpfert

Tonlos von mir geformt, gebaut,

verziert, glasiert (dabei

entfuhr mir hin und wieder doch

ein "shit", wenn die Glasur verrann,

hin trielte, wo ich sie nicht haben wollte),

stehen Ergebnisse am Ende fest.

Ein jeder Topf solide, unabhängig,

eigenständig. Tonlos.

Solange nicht ein Mensch dagegen klopft

und ihm sein Ohr leiht.

Schweine

Schweine haben
flinke Beine,
fast wie Hasen,
wunderbare Grabe-
nasen und Gemüt.

Noch

Das Wörtchen 'noch' hat mich einst sehr beschäftigt.
Es kann so viel Verschiedenes bedeuten.
Hörte es damals auch von kleinsten Leuten –
sie haben damit analog bekräftigt:

Noch! Ganz ohne 'mal' hieß es genau,
was man sich wünscht von einem Regenbogen:
Mehr davon! Ein weiteres Mal will ich gehoben
werden in die Luft. Mehr Eis! Das gelbe Au-

to will ich nochmal runterschmeißen. Damit
der Einzelfall in Dauer sich verwandelt,
wird er durch Wiederholung so behandelt?

Und irgendwie gelangen wir auf diese Weise
in kleinen Wiederholungsschritten leise
vielleicht zu unserem Begriff von Zeit?

Vor Weihnachten in Dublin

Nach dem Krankenhaus
steigen wir bei Jervis aus
dem Luas,
Zeit, bis der Zug abfährt.
Dort wird Weihnachten auch
massenweise
verkauft und gekauft.
Schwierig, mit der Eile derer
nicht zusammenzustoßen.
Zuflucht im Abbey Theatre Cafe
esse ich Oliven mit Weißbrot
zu einem Glas Wein.
Im Zug
muss ich seit Jahren
wieder mal kotzen.

Gesell ich mich

zu den Regenwürmern,
was nun?
Keine Ahnung,

was folgen wird.
Darüber schwirrt noch kein
Schmetterling, doch

puppen sie ungesehen
schon hie und da
ins neue Jahr
gesell ich mich

zu flattern
bunt oder auch nicht
über ihnen,
wenn's warm wird.

Kannst mich ruhig berühren,

nachts, wenn ich schlafe,
und tags, wenn ich lerne
und meine Finger
das Melken von dir.
Ich kann's mittlerweile
allein, Schwester,
die Wundflüssigkeit
in die bulb zu quetschen,
in die Zwiebel, die Birne,
die Knolle, das Ding
hängend am durchsichtigen
Schlauch, schließlich
verlässt mich eine Schlange geschwind.

Jeder Morgen

gibt den Dingen Gestalt.

eine Runde wurde gedreht

das Kissen ist aufgeschüttelt,

das Leintuch gewechselt,

Unterdessen warten wir

auf das Frühstück.

Kaffee! Nicht Tee, bitte.

Danke. Keine Cornflakes,

kein Porridge. Toast

mit Butter und Marmelade reichen

sie mir freundlich.

Der Tisch ist zu hoch.

Der Sessel bequem.

Mir fehlt etwas.

Neue Wörter

Laparoskopie,

Salpingektomie

Hysteroskopie

Pneumoperitoneum

Hämostase

Zytologie

Brexit

Lumpektomie

Quadrantektomie

Mastektomie

Sentinel-Lymphknoten

Lymphoedem

Seroma

Donald Trump

Lungenfunktionstext

Thoraktomie

Lobektomie

Rekonvaleszenz

Schnittbilder

Im Auto funktioniert die Heizung nicht.
Auf dem Bahnsteig friere ich weiter,
auch im Zug werde ich nicht warm.
Dort muss ich einen Liter Wasser trinken.
Im Fenster verdoppelt sich bloß sein Inneres.
Endlich ein erster heller Streifen am Horizont,
der langsam wächst und gelber wird:
Draußen wird allmählich sichtbar,
Baumsilhouetten wandern im Gegenlicht
vorbei, wie Figuren in einem Cartoon,
der sich ständig wiederholt.

Ich friere in der Straßenbahn jede Minute
öffnen sich ihre Türen.
In St. Lukes finden sie keine Vene mit
erstaunlich niedrigem Blutdruck.
C gelingt es, die Kanüle zu setzen.
Pumpt radioaktive Flüssigkeit hinein.
Macht den Heizofen an. Bringt eine Karaffe
Kontrastmittel. Wieder ein Liter.
Trinken! Eine Decke. Ansonsten ruhen.
Aufs Klo gehen darfst du.

Über dem Streifen nun ein Rand
grauer Wolken, ins Dunkel übergehend.
Lange sehe ich im Gelben eine Wasserfläche,
und Mullingar liegt heute an einer Meeresbucht,
auf die ich hinunterschaue, bis eine Stirn sichtbar wird,
dann – blendend – der ganze runde Sonnenkopf.

Man hält sich fern von mir.
Geschwind werde ich für die Maschine vorbereitet.
Hineingeschoben. Hin und wieder weitergefahren.

Zwei junge Männer steigen ein,
setzen sich gegenüber, um zu schlafen.
Einmal wacht der eine auf, fotografiert
den andern mit dessen Smartphone.
Es lag neben seinem Kopf auf dem Tisch.
Steigt dann früher aus als sein Freund.
Die meisten Wachen schauen auf ihre Bildschirme.
Meine gesenkten Augen verfolgen nun den Kanal.
Währenddessen wächst der Morgen.

Hinterher:
Tee oder Kaffee? Welches Sandwich
Kaffee, und Thunfisch wieder, bitte.

Ich und die Schwester, die das späte Frühstück bringt.

erkennen uns, erstaunt. Wie es gehe? Gut.

Hatte mich zur MRT gebracht.

Kurz darauf traf sie mich in meinem schwarzen Mantel

wieder:

Mit dem sehen Sie gar nicht aus wie eine Patientin.

Ich musste lachen. In mich.

Dann der Professor.

Der sich nie auf Betten setzt.

Wohin ich wolle, fragte er

mit einem kurzen Seitenblick

im Vorübergehen.

Schnell bin ich wieder allein mit dem Frühstück.

Es schmeckt köstlich. Dann scheint draußen die Sonne.

Ich friere nicht mehr. Wir fahren nach Smithfield.

R kauft sich eine Lederjacke im Kilo,

aber ich finde dort nichts für mich.

Eine Weile sitzen wir in einem Café.

Mit Anwälten in Anzügen und Krawatten.

Ein Mann redet fast ununterbrochen, aufgebracht.

Mir ist, als käme die Stimme aus einem Radio.

Seine Worte kann ich nicht verstehen,

aber ihn schließlich beim Sprechen
im Fenster beobachten. Sein Haar ist grau.

In St. James ist der Warteraum angefüllt.

Ich verfolge das hektische Kommen und Gehen.

Berge verschieden dicker Akten,

blau und rosa, sind ständig in Bewegung,

werden chaotisch umgeschichtet,

neue Schieferungsflächen kommen hinzu.

Meine Akte ist rosa. Es ist warm da.

Ein anderer verhält sich eigenartig.

Kauft sich Chips und Tee,

bevor er beides vergisst,

und rastlos umherstreift.

Geht aufs Klo, um verboten zu rauchen.

Findet seinen Platz im Wagen nicht wieder.

Er will nicht sein, wo er ist.

Schließlich das Gespräch.

Das heutige Schnittbild auf dem Bildschirm.

Der rote runde Punkt ist weiterhin klein genug.

Herr R zeichnet mir auf ein Blatt,

was er wegnehmen wird. Die Schnittstelle
wird gleichzeitig mit dem Schneiden geschlossen.
Regelmäßig brüllt ein Kleinkind.
Jemand hustet auf seltsame Art,
ähnlich dem Hupen eines Fasans.

Machen Sie das oft?
Ich verdiene meinen Lebensunterhalt damit.
Ich bin froh, dass auch er Humor hat.

Vor Sonnenuntergang sind die Baumsilhouetten
im Cartoon Bronchien, Kapillare, Dendriten.
Auch in der nächsten Folge werden sie noch nicht belaubt
sein.

Wörter fahren

rollen über

spitze Silben

holpernde

Buchstaben

lesend

schreibend

streben wohin

bis einem

der Satzhintern

weh tut man

absteigt

die Beine sich

am Boden

zu vertreten

Amseln, 13 mal

findend, versteckten Wurm, frühmorgens

sammelnd, Rosinen

schlagend, mit dem Schnabel, Schnecke, unterm Lorbeer

sonnenbadend, im Gras

klauend, Beeren aller Art

zu dritt

singend, Solo, von hoch oben

schimpfend, Katze

regungslos, am Boden

gehend, zielstrebig, am Boden

lauernd, auf der Mauer

lauschend, vorsichtig

fliegend, weg

Moral der Eschen

Nach jedem Versuch,
mit Scheren und Sägen
uns Einhalt zu bieten,
treiben wir's freilich
unsäglich fescher,
zahlreicher
und frecher.

März 2017

Sonne scheint einmal wieder ins Haus.

Zeit, ihr die Fenster zu putzen.

Draußen fliegen Tauben einander hinterher,

während der Gartentisch verrückt,

mit Schraubzwingen bestückt

ist, schneide ich dürres Zeug im Tunnel,

hocke danach auf der Weide

und knuddle fröhlich ein Schaf,

wie vor zwei Dekaden jene,

die der Tisch überlebt hat.

Am nächsten Tag singe ich ihnen Lieder.

Santa Lucia, Ave Maria.

Frei improvisiert. Was weiß ich

noch von deren Text und Melodie?

Ich kaufe Blumenerde,

Anemonen und Primeln,

Gemüsesamen, Gartenhandschuhe.

(Ohne die darf ich nicht mehr im Garten

arbeiten, wurde mir erklärt.) Woher

kommt nur all das Moos?

St. Patrick's Day. In Irland schüttet es.

In "America" ist Frau Merkel zu Besuch

bei Mr. Trump. Er schüttelt ihr nur zweimal

die Hand, wird erschüttert berichtet.

Tags zuvor schämte Mr. Kenny sich nicht,

ihm eine Schüssel Shamrock zu schenken.

"St. Patrick was an immigrant."

Derek Walcott, "a modern day Ulysses",

stirbt auf St. Lucia,

wo er einmal geboren wurde.

Schnell schmilzt Schnee der ersten Frühlingsnacht.

Ich trage meinen Frühlingspullover nach Carrick

zum poetry meeting. Wir lesen Poetry von Marian Moore,

eine lange Version von What Are Years.

Joan hat am Morgen Radio gehört:

Martin McGuinness ist in der Nacht in Derry gestorben.

An Donegal Amyloidosis. So schnell nun, doch.

Auf meinem Pullover ließ ich vorn schon im Februar

Blumenrabatten wachsen, der Rest ist

in den gleichen Farben schmal gestreift.

Ich beginne allmählich, mich wieder genüsslich,
nicht mehr schlaflos, im Bett zu drehen.
Schneide am sonnigen Tag hohe Hecken,
wuchte, ziehe, Äste, Zweige, je mehr davon,
umso besser nun. Schmerzen vergehen.
Mulche Kastanien in Kästen, Bartnelken, nehme
das alte Gewächshaus auseinander. Rost und Schimmel.
Rost und Schimmel. Grauer Himmel. Heute nicht.
Die Sonne fast obszön. Wie erbärmlich dagegen
terroristische Performance: No art, no craftmanship.

Während Kastanienfinger noch gefaltet bleiben,
die Knospen und Kätzchen von Weißdorn und Weiden
klein, spielt Regen heut heftig Schlagzeug
am Boden, auf dem Tunnel, dem Schirm,
über mir. Triefend, dann leise
und immer leiser tropfend klingt das Solo
aus, vor der nächsten Vorstellung eil ich ins Haus.
Und immer vergesse ich wieder, endlich
die alten Himbeerranken zu kürzen.
Sie treiben neu aus.

Morgen wollte ich die Tomatensämlinge nicht
eintopfen, das wäre mir nicht ernsthaft
genug gewesen. So tat ich's heute mit
Hoffnung, Zuversicht. Das ist Gärtnern:
Nach vorn schaun, tun. Und auch zurück.
Gestrüpp entfernen, Eschen kürzen, alten
Überwuchs entfernen, Platz für Neues
machen, ruhen lassen. Manch einer aber
zieht vorher lieber aus. Was, wenn
Europa ein Garten wäre?

Fibonacci Gedichte

Mein

Haus

gewährt

zu vielen

Dingen Aufenthalt.

Behalten, losgelassen nicht,

liegen sie still, wandern nur manchmal von Raum zu Raum.

Nach

zwei

Zeilen

nimmt der Text

schon Fahrt auf, schaltet

hier nun in den vierten Gang, fährt

ein wenig weiter, kommt am Ziel an und bleibt stehen.

Trump

und

Macron

zusammen

geschlagen: Eischnee,

steif genug für Baisers, Biskuit-

teige? Oder glibbrig aufgrund Verunreinigung?

Und

nun

Ende

Juli, da

die Blumen! Anders

sprechen sie aus ihrer Vase.

Als hätten sie einige Worte Herbstlich gelernt.

Ein

Spatz

– einer –

will sein Kind

füttern. Andauernd

funkt ihm ein Buchfink dazwischen,

sucht das Futter zu klauen um's selbst zu verdauen.

Und

ein

Gedicht

ist ja nicht

mehr als des Autors

Momentaufnahme in Worten

verselbstständigt sie sich zum unabhängigen Text

Fingerhut

hat herzerfrischend giftig
vormännliche rote
Hummeltunnelblüten
an
digitalen Finkenschaukeln,
und lässt aus Kapseln
Ballonflieger fallen.

Fragen an B

Mein Hausrat, all das Zeug,
ist nur da, wenn ich's wahr-
nehme, Herr Bischof, und da-
her ist, was in Schränken
und Schubladen (ist da was?),
nicht da, solange
ich nicht wage,
die Türen zu öffnen,
sieht's nur Gott?

Und wenn ich einmal sterbe,
der Hauhalt aufgelöst
wird als Müll entsorgt
das Zeug von denen,
die es wahrnehmen
(werden sie?),
existiert's auch für sie
nicht mehr, wie Plastik im Meer,
materiell, nur im Geiste Gottes,
der in ihm schwimmt?

Kochrezept, unverjährt

Die Marillenknödel aus Quarkteig zerfielen
wider Erwarten nicht
im wallenden salzigen Wasser.
Mit Zucker und Zimt und gerösteten Bröseln
schmeckten sie
sommerlich rund, fruchtig und süß.

Nahtstellen gut zusammengedrückt, wie's das Rezept,
vor Jahren einmal aus einer Zeitschrift gerissen, empfahl.

"Wenn du Sicherheit willst, musst du was dafür tun"
steht hinten drauf in einem Cartoon
der Jungen Union, gefolgt von einem
Coupon zum Einsenden - so alt
ist es schon.

September 2017

Schon wieder so ein Jahreszeitenwechselmonat.

Wasser, zu viel, in Asien und in US.

Hier sind's nur seine Äpfel, die,

zahlreich und schwer geworden

den Baum zum Fallen brachten.

Daheim, wo sie zu wenig davon haben,

steht eine Wahl, kein Umsturz, an.

Noch grenzen Blüten, bunte Tupfer,

sich ab von vollem grünen Laub.

Zwei Bomben in den Schlagzeilen der Medien

die eine alt, und routiniert entschärft

von Dieter und René im Einvernehmen,

die andre neu, bedrohlich, bebend.

Bevor es dunkelte, heute ein rosaroter Himmel,

so rosa wie der Lachs auf unsern Tellern.

If Kim and Trump would burn their thumbs

on salmon's juices, and lick them: none

would be any wiser, I'm afraid.

Irma jagt Harvey hinterher, und ihr Jose,
wir lernen Namen kleiner Inseln der Karibik.
Europa hadert noch mit seinem Brexit Sturm
vom letzten Jahr, verhandelt seine Folgen.
Meteorologen Irlands und UKs
einigten sich unterdessen schon
auf Namen ihrer Stürme der Saison:
Aileen, gefolgt von Brian, Caroline dann Dylan,
usw. Erdbeben tauft man bisher nicht.

Fast spitzbübisch die rosa Blüten
der hohen Japananemonen, wie sie verschmitzt,
in Wind und Regen heiter schwebend,
zu mir herüberlächeln: Sind wir nicht hübsch?
Ja ja, natürlich. Ist ja eure Hoch-Zeit.
Doch hätt' ich euch nicht unterstützt,
würdet ihr jetzt am Boden liegen.
Mich friert. Und werde trotzdem nicht verreisen,
weder nach Deutschland, noch in die Türkei.

Ich klaube Äpfel, pflücke Äpfel,
Eimer über Eimer Äpfel.
Duck mich unter schweren Zweigen

voller grüner harter Äpfel, nass.

Meine Augen, apfelrund gerichtet

auf den Grund darunter und nach oben,

würd ich gerne über lange Strecken

hin und wieder Apfelmissiles werfen,

manch einem an den Kopf

(*"The most beautiful sound I ever heard:*

Maria, Maria, Maria, Maria . . .

All the beautiful sounds of the world in a single word . . .

Puerto Rico, You lovely island . . . Island of tropical breezes.

Puerto Rico . . . You ugly island . . . Island of tropic diseases

Always the hurricanes blowing

Nobody knows in America Puerto Rico's in America!

I'll bring a T.V. to San Juan.

If there a current to turn on!")*

"Equinox" lässt mich an Pferde und an Ochsen denken.

Ein Zwittertier, das jährlich zweimal umgeht

und tag- und nachtgleich wiehernd, muhend

einmal den Herbst und dann den Frühling meint?

In Wahrheit weiss es wahrscheinlich gar nicht

von Jahreszeiten noch von seinem Namen,

und dass es existiert in Menschenköpfen
und -kalendern im Lauf des Jahres –
dreht sich bloß wohlig um im Schlaf?

Ich klaubte weiter grüne Äpfel,
pflanzte gelbe Chrysanthemen
in Blumenkästen,
und pflückte altbewährte
schwarze Brombeeren
für Marmelade.
Blau war dabei der Himmel,
ungewählt. Ganz unabhängig davon
schien übrigens die Sonne.

Google wird kugelrunde neunzehn,
Twitter testet längere tweets. (Darf Trump schon?)
Saudische Frauen dürfen Auto fahren. (Wohin?)
Macron will nicht auf Niedersachsen warten,
während ein Ehepaar in Germany ihn
sich zum Vorbild nimmt: "CSU" en Marche.
Schengen wird harsch aufgemengt.
Keiner will Kurden, Katalanen unabhängig haben.
Aus meinem Kopf kullerten Käfer.

Johnson zitiert Lyrik. Trump schimpft auf Puerto Rico.

Das Letzte ist wohl, wenn der Teufel auf Brombeeren

spuckt.

Wieder werden Blätter, Kiefernnadeln zusammengekehrt,

drinnen brennt Licht, hier, denn Fenster sind dunkel

geworden.

Was Äpfel waren, gärt zu Wein, vielleicht. Who knows?

Wirbelte putzig Staub in meiner Küche auf,

der fröhlich im niedrigen Sonnenlicht tanzte.

Was ich davon nicht einfing,

legt sich anderswo hin.

*excerpts from West Side Story

Mengenlehre

Je größer die Menge, umso enger wird es dem Einzelnen
drin,
und der Betrachter verliert irritiert seinen Fokus.

Auch der am höchsten gewachsene Grashalm
ragt bald nicht mehr
aus seiner Wiese hervor.

Nach dem Sturm

Nachts fallen dem Haus Bäume entgegen .
Am Morgen liegt stiller Schnee,
Christmas-white, auf den ehemals
hohen. Holy day!

Du fluchst dem Himmel entgegen.
erreichst damit niemand, brauchst
Monate, um sie klein zu sägen,

Strom ist zurück nach sechs Tagen.
Thema ist das nach Jahren nur noch in
Unterhaltungen, mitunter. Stürme gibt's
reichlich, alljährlich, irgendwo. Sie legen sich
mit der Zeit zu andern Erinnerungen.

weg

Vor dem Schneiden
des Schnittlauchs
aus dem Tunnel
wuselt mir hier
in der Küche
wichtigtuerisch
ein Ohrenkriecher
vom Brettchen.

Inhalt

Aufgewachsen in Esslingen a.N., lebt, schaut, liest und schreibt die Autorin in Irland, wo die Gedichte in diesem Band während der letzten sieben Jahre entstanden sind.

Ihr Blog *Fringillallala* ist auf www.wababbel.de zu finden.